얄라리의 어휘 콕콕!

한 컷
초등 관용어

재능많은국어연구소 지음
에렘 그림

휴먼
어린이

국어 실력을 기르는 첫걸음, 재미있는 한 컷 그림으로 시작해요!

관용어는 사람들이 오랫동안 자주 써 오면서 특별한 의미를 갖게 된 표현이에요. 두 개 이상의 단어가 만나, 원래의 뜻과는 다른 새로운 뜻을 나타내거든요. 관용어를 배우면 표현력이 풍부해지고, 내 생각과 감정을 더욱 생생하게 전할 수 있어요.

하지만 관용어는 겉뜻과 속뜻이 달라서 이해하기 어려울 때가 많아요. 예를 들어, 관용어 '발이 넓다'는 발이 크다는 게 아니라 '아는 사람이 많다'라는 뜻이에요. 겉으로 보기엔 평범한 말 같지만, 속뜻을 정확히 알아야 상황에 알맞은 관용어를 사용할 수 있답니다.

이 책은 초등 교과서와 일상생활에서 자주 쓰이는 관용어 120개를 알차게 담았어요. 각 관용어의 의미와 용법을 쉽고 빠르게 익히고, 재미있는 한 컷 그림으로 관용어의 숨은 뜻까지 한눈에 쏙 이해할 수 있지요. 그럼, 지금부터 수다쟁이 병아리 '얄라리'와 함께 신나는 관용어 공부를 시작해 볼까요?

유쾌한 병아리 얄라리와 함께
초등 필수 관용어를 익혀요!

① 초등학생이 꼭 알아야 할
관용어를 즐겁게 배워요.

② 머릿속에 콕 박히는 뜻풀이로
관용어의 뜻을 알아보고,
비슷한말과 반대말도 확인해요.

뿌리를 뽑다
문제의 원인을 없애다

물과 양분을 빨아들이는 통로인 뿌리를 뽑으면 식물은 생명을 유지할 수가 없어. 따라서 뿌리를 뽑는다는 건 어떤 것이 생겨나는 원인을 완전히 없앴다는 뜻이지.

내가 너와
늦잠 자는 습관을
뿌리 뽑고 만다!

관용어 톡톡!
○ "지각생들의 뿌리를 뽑기 위해 학급 회의에서 함께 규칙을 정해 보자."

90

손발이 맞다
생각하거나 행동하는 방식이 서로 같다

손과 발을 잘 맞춰야 편하게 움직일 수 있듯이 함께 일하는 사람끼리 마치 한 사람처럼 서로 마음과 행동이 비슷해 잘 맞는다는 뜻이야.
⑪ 호흡이 맞다 ⑫ 손발이 따로 놀다

와아아   저 팀 좀 봐!
두 선수의 손발이 맞아서   와아!
속도가 엄청나네.   와아아!

관용어 톡톡!
○ "우리끼리 손발이 맞아서 모둠 활동을 빨리 끝낼 수 있었어."

91

③ 얄라리와 친구들이 등장하는
한 컷 그림으로 관용어의 의미를
쉽고 재미있게 이해해요.

④ 관용어 톡톡 코너의 예문으로
실생활 쓰임새를 익혀요.

얄라리

장난기 가득한 수다쟁이 병아리

친구 없이는 하루도 못 사는 '친구바라기'예요!
늘 친구들과 함께 웃고 떠들지만,
중요한 순간엔 눈썹부터 바짝 세우고
누구보다 진지해진답니다.

하오리

친구들의 중심을 잡아 주는
어른스러운 오리

힘들어하는 친구에게 가장 먼저 다가가는
따뜻한 마음씨를 갖고 있어요.
언제나 여유 있는 웃음을 지으며
친구들을 든든하게 챙겨 주지요.

방붕이

먹는 걸 가장 좋아하는 천진난만한 강아지

엉뚱해서 가끔 친구들에게 놀림받지만, 마음이 순수하고 애정이 넘쳐서 모두가 좋아해요. 눈치보단 진심, 계산보단 우정! 친구들이 곁에 있으면 마냥 행복해요.

하삐

하얗고 동글동글한 병아리

얄라리의 사랑스러운 친척 동생들이에요. 어디서든 우르르 몰려다니는 걸 좋아해요! 형, 누나 친구들과도 금방 친해지고, 애교가 많은 귀여운 성격이랍니다.

차례

1장 감정을 전달하는 관용어

2장 성격과 태도를 보여 주는 관용어

3장 행동을 표현하는 관용어

4장 상황을 나타내는 관용어

일러두기
• 이 책의 표기법은 국립국어원의 한글 맞춤법과 표준어 규정을 따랐습니다.
• 초등학교 교과서에 나오는 내용 중에서 필수 관용어를 선별하여 담았습니다.
• 관용어는 각 장별로 가나다순으로 배열했습니다.
• [찾아보기]는 책에 실린 총 120개의 관용어를 가나다순으로 정리했습니다.

1장

감정을 전달하는 관용어

가슴이 무겁다

슬픔이나 걱정으로 마음이 가라앉다

사람들은 보통 심장이 위치한 가슴안에 마음이 있다고 생각해. 힘들거나 슬픈 일 때문에 마음이 착 가라앉고 가슴이 답답한 상태를 나타내는 말이야.

내일이 시험인데 공부를 안 해서 **가슴이 무거워.**

그럼 이제라도 공부하는 게 어때?

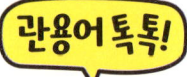

○ "내가 열심히 키우던 식물이 말라 죽어서 **가슴이 무겁다.**"

14

가슴이 찢어지다

가슴이 째질 것처럼 마음이 괴롭다

아무리 작은 상처라도 우리 몸 어딘가가 찢어지면 아프겠지? 아주 슬프거나 억울한 일을 겪어서 가슴이 찢어질 것 같은 큰 고통을 느낄 때 쓰는 말이야.

보고 싶을 거야!

친구를 떠나보내니 **가슴이 찢어진다.**

관용어 톡톡!

○ "전쟁 때문에 아픔을 겪는 사람들을 보니 **가슴이 찢어진다.**"

간이 떨어지다

깜짝 놀라다

우리 몸속에 꼭 붙어 있는 간이 떨어질 만큼 화들짝 놀랐을 때 쓸 수 있는 표현이야.

흠칫!

깜짝이야! 그냥 옷이잖아. 귀신인 줄 알고 **간 떨어질** 뻔했네.

탁!

관용어 톡톡!

○ "갑자기 그렇게 튀어나오면 어떡해? **간이 떨어질** 뻔했잖아!"

간이 콩알만 해지다

몹시 두려워지거나 무서워지다

간은 우리 몸속에 있는 기관 중에서 가장 커. 그렇게 큰 간이 손톱만큼 작은 콩알 크기로 쪼그라들 정도로 무섭다는 뜻이지.

(비) 간이 오그라들다

아이고,
주사가 무서워서
간이 콩알만 해졌구나?

관용어 톡톡!

○ "발표 시간만 되면 나는 간이 콩알만 해진다."

귀가 번쩍 뜨이다

들리는 말에 마음이 끌리다

특히 귀에 쏙 들어올 정도로 마음에 드는 말이나 흥미로운 이야기를
들었을 때 쓰는 표현이야.

아빠가
피자 사 왔다.

피자?

방금 제 **귀가 번쩍 뜨였는데**
잘못 들은 거 아니죠?

관용어 톡톡!

○ "체험 학습으로 놀이공원에 간다는 소식에 **귀가 번쩍 뜨였다**."

눈살을 찌푸리다

마음에 들지 않아 양미간을 찡그리다

눈살은 두 눈썹 사이에 잡히는 주름을 뜻해. 뭔가 마음에 들지 않는 일이 생기면 나도 모르게 양미간을 일그러뜨리게 돼. 이처럼 못마땅한 마음을 표현할 때 쓸 수 있는 말이야.

아, 장난감 사 주세요!

관용어 톡톡!

○ "도서관에서 시끄럽게 떠드는 행동은 다른 사람들의 눈살을 찌푸리게 해."

눈앞이 캄캄하다

어떻게 해야 할지 몰라 막막하다

캄캄한 어둠 속에서는 눈을 뜨고 있어도 앞이 잘 보이지 않아. 눈앞이 까매질 정도로 어찌할 바를 몰라 당황스럽다는 뜻이야.

비 눈앞이 새까맣다

관용어 톡톡!

○ "개학이 코앞인데 여름 방학 숙제를 하나도 안 해서 눈앞이 캄캄하다."

눈이 뒤집히다

정신을 차리지 못하다

놀라거나 화가 나면 저절로 눈을 번쩍 뜨게 돼. 큰 충격을 받거나 너무 화가 날 때 또는 어떤 일에 지나치게 매달려 자신의 마음을 다스릴 수 없을 때 쓰는 말이야.

비 눈알이 뒤집히다, 눈이 돌아가다

무슨 일인데 저렇게 눈이 뒤집혀서 찾고 있어?

점심 도시락을 잃어버렸대.

관용어 톡톡!

○ "동생이 내가 아끼는 장난감을 망가뜨리는 바람에 눈이 뒤집혀 소리쳤다."

마음에 차다

흡족하게 여기다

마음에 만족스러운 느낌이 들어찰 정도로 흐뭇해할 때 쓰는 말이야.

(비) 성에 차다

오!

드디어 내 **마음에 차는** 그림을 완성했어!

○ "갖고 싶던 게임기를 생일 선물로 받으니까 **마음에 차니?**"

마음이 풀리다

① 마음속에 걸리던 것이 없어지다
② 긴장된 마음이 누그러지다

속상한 마음이 사라지거나 긴장으로 꽁꽁 얼어 있던 마음이 편안해질 때 쓰는 말이야.

아까는 내가 미안했어. 어때? 이거 먹으니까 좀 **마음이 풀려**?

흥!

냠 냠

관용어 톡톡!

○ "친구의 진심 어린 사과를 받자 서운했던 **마음이 풀렸다**."

23

머리를 식히다

잠깐 쉬면서 마음을 가라앉히다

너무 화가 날 때는 얼굴에 열이 오르고 머리가 뜨거워져. 이처럼 흥분하거나 긴장될 때 뜨거워진 머리를 차갑게 식힐 수 있도록 마음을 진정시킨다는 뜻이야.

왜 이렇게 문제가 안 풀리지?

공부를 너무 오래 했나 봐. 우리 잠깐 나가서 머리를 식힐까?

너희들 이제 막 공부 시작했잖아.

관용어 톡톡!

○ "집에서 형과 다투고 나서 머리를 식히려고 공원에 갔다."

목구멍까지 차오르다

감정이 참을 수 없을 정도로 커지다

너무 화가 나거나 속상하면 답답한 마음이 목까지 올라오는 느낌이 들 때가 있어. 이처럼 주로 부정적인 감정이나 생각이 더는 참을 수 없을 정도로 터져 나올 것 같은 상태를 나타내는 말이야.

(비) 목구멍까지 치밀어 오르다

관용어 톡톡!

○ "가장 친한 친구가 전학을 가던 날, 슬픔이 **목구멍까지 차올랐다**."

목이 빠지게 기다리다

몹시 애타게 기다리다

목을 기다랗게 쭉 빼고 내다보는 모습처럼 애타는 마음으로 무언가를 간절히 기다릴 때 쓰는 표현이지.

뭘 그렇게 목이 빠지게 기다리고 있어?

택배.

관용어 톡톡!

○ "얼른 여름 방학이 시작되기를 목이 빠지게 기다리고 있어."

목이 타다

물을 마시고 싶다

목구멍은 입으로 삼킨 물이 지나가는 통로야. 입안이 바싹 마르는 것을 넘어 목이 타는 느낌이 들 정도로 목마를 때 쓰는 말이야.

몸둘바를모르다

어떻게 해야 할지 몰라 당황하다

갑작스러운 상황을 맞닥뜨려 안절부절못하는 모습을 나타내는 말이야.
기쁘거나 부끄러울 때 또는 화가 나거나 슬플 때 등 다양한 상황에서 당황스러운
마음을 표현할 때 쓸 수 있어.

짜잔!
생일 축하해.

너무 고마워서
몸 둘 바를 모르겠어.

관용어 톡톡!

○ "글쓰기 대회에서 우수상을 받게 되어 몸 둘 바를 몰랐다."

발을 뻗다

마음이 편해지다

걱정하거나 애쓰던 일이 끝나서 발을 쭉 뻗고 쉴 만큼 마음이 가벼워진 상태를 뜻해. 걱정하던 일이 잘 해결되어 마음 놓고 편히 잘 수 있을 때는 '발을 뻗고[펴고] 자다'라는 말을 써.

(비) 발을 펴다, 두 다리를 뻗다, 두 다리를 펴다

휴, 드디어
밀린 방학 숙제 끝!
오늘은 발 뻗고 잘 수 있겠어.

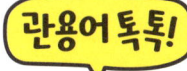
관용어 톡톡!

○ "잃어버린 지갑을 찾고 나서야 발을 뻗을 수 있었다."

배가 아프다

남이 잘되어 샘나다

욕심을 나타내는 표현 중에는 몸의 일부인 배가 들어간 말이 많아. 남을 부러워하고 질투를 느낄 때는 '배가 아프다'라고 말하고, 많은 재물을 차지해서 자신의 이익을 꾀하는 행동을 가리켜 '배를 불리다'라고 해.

⑪ 배를 앓다

어라, 돈이다!

뭐? 대박! 왜 나는 못 봤지? 진짜 **배가 아프네**!

관용어 톡톡!

○ "나보다 줄넘기를 잘하는 친구를 보니 **배가 아팠다**."

배꼽이 빠지다

아주 우습다

웃음이 크게 빵 터지면 저절로 배에 힘이 들어갈 때가 있어. 너무 많이
웃어서 배가 당길 정도로 아주 재미있을 때 쓰는 말이야.

(비) 배꼽을 빼다

속이 타다

걱정이 되어 마음을 졸이다

걱정거리가 있어서 마음이 불안하고 괴로울 때 쓰는 말이야. 반대로, 좋은 일이 생기거나 걱정이 사라져서 마음이 편해질 때는 '속이 시원하다'라고 하지.

⑪ 속을 태우다   ⑫ 속이 시원하다

왜 이렇게 버스가 안 와?
약속 시간 10분 남았는데
속이 탄다!

관용어 톡톡!

○ "시험 점수가 너무 낮아서 꼴찌를 할까 봐 속이 탔다."

32

손에 땀을 쥐다

마음이 조마조마하다

아슬아슬하고 긴장되는 상황에서 식은땀을 흘리며 주먹을 꽉 쥐고 있는 모습을 빗댄 표현이야.

네 차례야. 빨리 하나 빼!

무너질 것 같아. 이거 진짜 손에 땀을 쥐게 하네.

관용어 톡톡!

○ "월드컵 결승전은 손에 땀을 쥘 만큼 짜릿했어."

어깨가 무겁다

마음에 부담이 크다

마치 무거운 짐을 어깨에 짊어진 것처럼 책임감 때문에 마음이 무겁고 부담감이 큰 상태를 나타내는 말이야. 주로 어떤 일에 대한 의무나 책임을 느낄 때는 '어깨에 지다[짊어지다]'라는 말을 사용해.

비 어깨를 짓누르다   반 어깨가 가볍다

란용어 톡톡!

○ "내가 우리 학교를 대표해서 퀴즈 대회에 나왔기 때문에 어깨가 무겁다."

어깨가 올라가다

칭찬을 받아 기분이 좋다

뽐내고 싶은 기분이 들거나 스스로를 자랑스러워하는 모습을 표현한 말이야.
반대로, 자신을 겸손하게 낮출 때는 '어깨를 낮추다'라고 해.

비 어깨가 으쓱거리다 반 어깨를 낮추다

관용어 톡톡!

○ "학교 대표로 나간 퀴즈 대회에서 1등을 해서 어깨가 올라갔다."

35

어깨를 펴다

떳떳하고 당당하다

뭔가를 숨기는 사람은 몸을 잔뜩 웅크리고 어깨를 수그리게 돼. 반대로, 거리낄 게 없는 사람은 어깨와 가슴을 활짝 펴고 자신감 있는 모습을 보여 줘.

(비) 가슴을 펴다

관용어 톡톡!

○ "누구나 실수할 때가 있어. 네가 일부러 한 것도 아닌데 어깨를 펴."

어안이 벙벙하다

기막히고 어리둥절하다

'어안'은 어이없어 말을 하지 못하는 혀 안을 뜻해. 황당한 일을 당해서 아무 말도 하지 못하고 멍하니 입을 벌리고 있는 모습을 떠올려 봐.

비 어안이 막히다

관용어 톡톡!

○ "바로 코앞에서 새치기를 당하다니 어안이 벙벙해."

오금이 저리다

마음을 졸이거나 겁나다

'오금'은 무릎 뒤에 오목하게 안쪽으로 들어간 부분을 말해. 오금이 달달 떨려서 저릴 만큼 무섭다는 뜻이지. 또는 자신의 잘못이 들통날까 봐 마음을 졸이며 불안해할 때 쓰는 말이야.

(비) 등골이 서늘하다, 등골이 오싹하다

으악, 오금이 저려서 못 건너겠어!

출렁 출렁

관용어 톡톡!

○ "영화를 보다가 무서운 장면이 나와서 오금이 저렸어."

38

입맛을 다시다

① 무언가를 갖고 싶어 하다
② 뜻대로 되지 않아 아쉬워하다

씁쓸한 마음이 들 때 입을 삐죽거리거나 침을 꼴깍 삼키게 돼. 원하는 무언가를 갖지 못했을 때 또는 일이 생각대로 풀리지 않아 못마땅한 마음을 나타낼 때 쓰는 말이야.

입맛 다시지 말고 빨리 가자.

쩝

츄릅

관용어 톡톡!

○ "비 때문에 경기가 취소되어 관중들은 입맛을 다시며 집으로 돌아갔다."

입이 귀밑까지 찢어지다

기쁘거나 즐거워서 입이 크게 벌어지다

기쁘거나 즐거운 일이 생기면 입을 벌리고 활짝 웃게 돼. 입꼬리가 귀까지 올라올 정도로 함박웃음 짓는 모습을 과장해서 표현한 말이야.

(비) 입이 귀밑까지 이르다, 입이 가로 터지다

관용어 톡톡!

○ "할머니께 세뱃돈을 받은 사촌 동생은 입이 귀밑까지 찢어졌다."

풀이 죽다

① 빳빳함이 없어지다
② 기세가 꺾이다

'풀'은 쌀이나 밀가루 같은 전분질에서 나오는 끈끈한 물질을 말해. 주로 무엇을 붙이거나 천을 빳빳하게 만드는 데 사용하지. 풀기가 빠져서 흐물거리는 모양을 나타내거나 기운이 없고 활기가 떨어진 모습을 표현하는 말이야.

> 미안하구나!
> 갑자기 일이 생겨서 캠핑은 다음에 가야겠다.

> 어쩔 수 없죠….

관용어 톡톡!

○ "내 짝꿍은 선생님께 시끄럽다는 꾸중을 듣자 풀이 죽었다."

41

핏대를 세우다

몹시 화를 내다

목에 있는 큰 혈관에 피가 몰려 얼굴이 붉어질 정도로 화를 심하게 낸다는 뜻이야.

(비) 핏대를 내다, 핏대를 돋우다, 핏대를 올리다

관용어 톡톡!

○ "형과 누나는 서로 자기 말이 맞다고 우기며 핏대를 세웠다."

혀를 차다

섭섭하거나 언짢은 마음을 나타내다

안타깝거나 못마땅해서 혀를 쯧쯧거리는 모습을 그대로 표현한 말이야. 주로 불만이나 실망을 나타낼 때 다른 말은 하지 않고 답답한 마음을 혀 차는 소리로 대신하는 경우를 뜻해.

쯧쯧, 이게 대체 사람 사는 방이니?

관용어 톡톡!

○ "늦잠을 자서 허둥대는 나를 보더니 언니가 혀를 찼다."

43

2장

성격과 태도를 보여 주는 관용어

가면을 벗다

진짜 모습을 드러내다

가면은 얼굴을 가리기 위해 쓰는 물건이지만, 속마음을 감추고 거짓으로 꾸민 모습을 가리키기도 해. 아무렇지 않은 척하며 속내를 감출 때는 '가면을 쓰다'라고 하고, 누군가의 거짓을 밝혀낼 때는 '가면을 벗기다'라고 해.

(반) 가면을 쓰다

연기는 이제 그만! 바보 같은 **가면을 벗고** 진짜 모습을 드러내!

훗, 들켰나?

관용어 톡톡!

○ "범인이 드디어 **가면을 벗고** 자신의 범죄를 인정했다."

46

가슴이 넓다

마음이 너그럽다

이해심이 많아서 남의 사정을 잘 헤아리고 받아들여 준다는 뜻이야.

반 가슴이 좁다

헉,
연필이 부러졌어.
이거 어쩌지?

괜찮아!
실수로 그런 거잖아.

얄라리는
정말 **가슴이 넓구나!**

관용어 톡톡!

○ "내 단짝은 짓궂은 장난도 잘 받아 주는 가슴이 넓은 친구예요."

47

가시가 돋다

말이나 행동이 날카롭다

어떤 말들은 뾰족한 가시가 달린 것처럼 마음을 콕 찌르고 아프게 할 때가 있어. 불평불만을 늘어놓거나 남에게 일부러 상처를 주려는 나쁜 마음이 담긴 말이나 행동을 나타내는 표현이야.

(비) 가시가 돋치다

관용어 톡톡!

○ "나는 친구와 다투며 가시가 돋은 말을 주고받았다."

48

간도 쓸개도 없다

자존심 없이 남에게 굽히다

우리 몸속의 중요한 장기인 간과 쓸개를 전부 내어 줄 것처럼 누군가에게
굽신거리는 모습을 보인다는 뜻이야.

얄라리 님,
제 평생의 소원입니다.
그 빵 한 입만
맛보게 해 주십시오!

관용어 톡톡!

○ "너를 괴롭히던 친구와 곧바로 화해하다니 참 간도 쓸개도 없다."

간이 크다

겁이 없고 용감하다

옛날 사람들은 우리 몸속의 간이 마음의 용기와 관련된 기관이라고 믿었대. 따라서 겁이 없고 대담한 사람에게는 '간이 크다', 겁이 많고 소심한 사람에게는 '간이 작다'는 말을 쓰게 되었지. 뻔뻔하거나 분수에 맞지 않는 행동을 할 때는 '간이 붓다'라고 해.

(반) 간이 작다

난 **간이 크니까** 맨 앞자리!

난 간이 작아서 안 탈래.

나도 안 탈래!

관용어 톡톡!

○ "우리 형은 높은 나무 위에 혼자 올라갈 정도로 **간이 크다**."

50

귀가 얇다

남의 말을 쉽게 받아들이다

남이 하는 말을 있는 그대로 잘 믿어서 이리저리 잘 휘둘린다는 뜻이야.

예쁘다는 말에 또 넘어가서 사 버렸어. 나는 **귀가 얇아서** 탈이야.

어휴, 괜찮아. 잘 어울려!

정말?

….

"팔랑"

관용어 톡톡!

○ "나는 **귀가 얇아서** 친구들의 말을 듣고 갈팡질팡할 때가 많다."

귀를 기울이다

관심을 갖고 귀담아듣다

누군가의 말이나 이야기에 적극적으로 관심을 가질 때 자연스럽게 상대방 쪽으로 귀를 기울이는 모습을 빗댄 표현이야.

(비) 귀를 재다

관용어 톡톡!

○ "토론할 때는 모든 사람의 의견에 **귀를 기울여야** 합니다."

귓등으로 듣다

듣고도 들은 체 만 체 하다

귓등은 귓바퀴의 바깥쪽 부분을 말해. 소리가 귀 안쪽으로 들어가지 않고 귓등에 막힌 것처럼 상대방의 말을 새겨듣지 않을 때 쓰는 표현이지.

(비) 귓등으로도 안 듣는다, 귓등으로 흘리다

관용어 톡톡!

○ "수업 시간에 조용히 하라는 선생님의 말씀을 귓등으로 듣고 딴청을 부리면 어떡해?"

눈독을 들이다

탐이 나서 눈여겨보다

무언가를 갖고 싶은 마음이 들면 자꾸 뚫어져라 쳐다보게 돼. 이처럼 욕심이 나서 유심히 바라보는 기운을 가리켜 '눈독'이라고 해.

(비) 눈독을 쏘다, 눈독을 올리다

역시 창가 자리는 비어 있질 않네.

다들 저 자리만 눈독 들이고 있어.

관용어 톡톡!

○ "냉장고에 있는 아이스크림 내 거니까 자꾸 눈독 들이지 마!"

눈에 불을 켜다

① 욕심을 내거나 관심을 쏟다
② 화가 나서 눈을 부릅뜨다

눈에 불이 켜지듯 이글이글한 눈빛으로 무언가를 열정적으로 원하거나 아주
화가 나서 눈을 크게 뜬다는 뜻이야.

분명 이 근처인데….

관용어 톡톡!

○ "민우는 체육 시간만 되면 눈에 불을 켜고 운동장으로 뛰어간다."

눈이 높다

더 좋은 것을 찾는 버릇이 있다

무언가를 선택하는 기준이 까다롭거나 좋은 것을 잘 알아보는 능력이 있다는 뜻이야.

이건 너무 흔하고 저건 디자인이 별로야.

아, 못 고르겠어! 물건 보는 눈이 높은 네가 골라 줘.

선물코너

흠, 그럴까?

관용어 톡톡!

○ "언니는 눈이 높아서 학용품을 살 때도 꼼꼼히 따져 본다."

56

뜬구름 잡다

헛된 기대를 품다

하늘에 떠다니는 구름은 바람이 불면 흩어져 버려. 이처럼 뚜렷하지 않은 목표를 좇거나 현실에서 이루어질 가능성이 거의 없는 헛된 꿈을 꿀 때 쓰는 말이야.

나 아이돌 할까 봐!

뜬구름 잡지 말고 빨리 와서 숙제나 해.

관용어 톡톡!

○ "공부도 안 하면서 만점을 받겠다니 뜬구름 잡는 소리 좀 그만해!"

마음을 붙이다

관심을 갖고 집중하다

갈팡질팡 흔들리던 마음이 한곳에 딱 붙은 것처럼 무언가에 관심을 기울이거나 어떤 일에 집중한다는 뜻이야.

자, 오늘 우리 반에 전학 온 친구란다.

새로운 환경에 마음 붙일 수 있도록 다들 잘 도와주렴.

네!

어서 와. 반가워!

관용어 톡톡!

○ "이제 곧 시험 기간이 다가오니 다들 마음을 붙이고 공부하자."

목에 힘을 주다

잘난 체하며 우쭐거리다

목을 꼿꼿이 세우면서 잘난 척하거나 다른 사람을 얕잡아 보며 뽐내는 모습을
표현한 말이야.

관용어 톡톡!

○ "진영이는 반장이 되더니 **목에 힘을 주고** 다닌다."

발이 넓다

아는 사람이 많다

누군가를 만나러 가기 위해서는 발을 움직여야 해. 알고 지내는 사람이 많아서 이리저리 활동하는 범위가 넓다는 뜻이지.

와! 생일 파티에 온 친구들 좀 봐. 너처럼 발 넓은 애는 진짜 처음 본다.

그렇지?

관용어 톡톡!

○ "지수는 발이 넓어서 복도에 지나갈 때마다 인사하는 친구들이 많다."

비가 오나 눈이 오나

어려움 속에서도 언제나 한결같이

비나 눈이 오는 날씨처럼 아무리 힘든 상황이어도 계획한 일은 변함없이 한다는 뜻이야. 어떤 어려움이 있어도 늘 한결같은 태도를 보일 때 쓰는 말이지.

우리가 이 자리에서 만난 지도 50년이 넘었구면.

허허, 그렇구면. 비가 오나 눈이 오나 참 한결같았지.

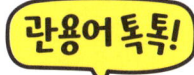

● "우리 형은 비가 오나 눈이 오나 주말만 되면 축구장에 나간다."

뼈를 깎다

견디기 힘들 정도로 고통스럽다

우리 몸을 지탱하는 단단한 뼈를 깎는다면 무척 아프겠지? 그만큼 견디기 힘든 고통을 겪을 때 쓰는 말이야.

🔴비 뼈를 갈다

흄….

헉, 진정한 장인이야. 뼈를 깎는 고뇌가 느껴진다!

이게 아니야!

와장창

관용어 톡톡!

○ "운동선수들은 매일 뼈를 깎는 노력으로 힘들게 훈련한다."

손이 빠르다

재빠르고 능숙하다

어떤 일을 할 때 속도가 빠르고 실수 없이 정확하게 행동하는 사람을
나타내는 표현이야.

비 손이 싸다, 손이 재다

와, 역시
일류 요리사는 다르구나!
정말 **손이 빠르다.**

관용어 톡톡!

○ "평소에는 느릿느릿 움직이는 삼촌도 일할 때는 **손이 빠르단다.**"

손이 크다

씀씀이가 후하다

손이 크면 클수록 무언가를 움켜쥘 수 있는 양도 늘어나겠지? 돈이나 물건을 아낌없이 쓰거나 넉넉하게 준비하는 사람을 가리키는 말이야.

(비) 손이 걸다 (반) 손이 작다

할머니, 배불러요. 이제 그만요!

더 먹거라.

너희 할머니 진짜 손이 크시다.

관용어 톡톡!

○ "우리 엄마는 손이 커서 요리할 때마다 음식이 너무 많이 남는다."

얼굴이 두껍다

부끄러움을 모르고 뻔뻔하다

부끄러운 짓을 하고도 아무렇지 않게 염치없이 행동하는 사람을 꼬집는 말이야.

（반）얼굴 가죽이 두껍다, 낯이 두껍다, 낯가죽이 두껍다

앗, 저기요!
새치기하면 안 되죠.

….

대답도 안 하다니
얼굴이 두껍네.

관용어 톡톡!

◦ "내 핸드폰을 떨어뜨리고 사과도 안 하다니 얼굴이 두껍군!"

엉덩이가 무겁다

한자리에 오래 머무르다

한번 자리를 잡고 앉으면 좀처럼 일어나지 않는다는 뜻으로, 잘 움직이지 않는
사람을 나타내는 말이야. 반대로, 한자리에 오래 있지 않고 금방 다른 곳으로 옮겨
다닐 때는 '엉덩이가 가볍다'라고 해.

(비) 엉덩이가 질기다, 궁둥이가 무겁다 (반) 엉덩이가 가볍다, 궁둥이가 가볍다

관용어 톡톡!

○ "엉덩이가 무거운 유진이는 책을 다 읽을 때까지 한 번도 일어나지 않았다."

오지랖이 넓다

쓸데없이 나서서 참견하다

'오지랖'은 한복 윗도리에 입는 겉옷의 앞자락을 뜻해. 오지랖이 너무 넓으면 움직일 때마다 이리저리 펄럭거려서 불편하겠지? 이처럼 자신과 관계없는 남의 일에 이래라저래라 간섭하는 것도 다른 사람의 마음을 불편하게 만들 수 있어.

앗, 잠깐!
고기는 쌈장에 찍어야 맛있지.
아니, 상추 위에 파채를
올리고!

내가 알아서 먹을게.

란용어 톡톡!

○ "새로 이사 온 이웃에 대해 이러쿵저러쿵 떠드는 걸 보니 다들 오지랖이 넓다."

이를 악물다

어려움을 참고 견디다

무언가를 이루기 위해 단단히 결심하거나 힘든 상황을 참고 견뎌야 할 때 우리는 이를 꼭 마주 물게 돼. 힘들어도 끝까지 버티며 포기하지 않는 태도를 나타내는 말이야.

(비) 이를 깨물다, 이를 물다

코당!

웅성웅성

툴툴

웅성웅성

아, 너무 창피해!
아프지만 조금만 참자.
아무렇지 않은 척하는 거야.

관용어 톡톡!

○ "줄넘기 시험을 통과하기 위해 이를 악물고 매일 연습했어."

코가 높다

잘난 체하며 뽐내다

자기가 잘났다고 생각해서 상대방을 깔보거나 우쭐대는 사람을 나타내는 말이야.

비 콧대가 높다

오, 100점 맞더니 아주 **코가 높아졌어.**

횟!

하하, 높아질 만하네.

관용어 톡톡!

○ "재희는 달리기 시합에서 1등을 하더니 **코가 높아졌다.**"

69

3장

행동을 표현하는 관용어

가닥을 잡다

분위기나 상황을 알아낼 단서를 얻다

가닥은 하나의 덩어리에서 갈라져 나온 낱낱의 줄을 뜻해. 아주 작은 부분이 전체를 파악하는 중요한 단서가 된다는 뜻으로, 어떤 상황을 이해하기 위한 실마리를 찾았을 때 쓰는 표현이야.

아하, 이렇게 푸는 거였구나! 이제야 좀 가닥이 잡히네.

그걸 시험 보기 전에 알았어야지.

관용어 톡톡!

○ "설명서를 읽고 어떻게 비행기 모형을 조립해야 하는지 가닥을 잡았다."

가슴에 새기다

마음속에 단단히 기억하다

글씨를 가슴에 새겨 넣듯 오래도록 잊지 않게 마음속 깊이 간직한다는 뜻이야.

오늘의 패배를 잊지 마라.
이 쓰라린 경험을 각자
가슴에 새기도록!

네…!

LOSE | WIN
0 | 6

관용어 톡톡!

○ "할아버지께서는 늘 정직하라는 좌우명을 **가슴에 새기며** 살아오셨다."

걸음을 떼다

① 걷기 시작하다
② 준비해 오던 일을 처음 시작하다

다리를 움직여 발걸음을 옮기는 동작을 나타내거나 준비해 오던 일을 처음으로 시작하는 순간을 가리키는 표현이야.

짜잔! 오늘은 내가 요리사로서 **걸음을 떼는** 날이야.

우아, 영광이야!

맛은 보장할 수 없지만….

응?

관용어 톡톡!

○ "이제 막 **걸음을 뗀** 아기가 아장아장 지나갔다."

꼬리를 내리다

기세가 꺾여 움츠러들다

꼬리가 있는 동물은 낯선 상대를 만나면 보통 꼬리를 곧게 세우며 경계해. 빳빳이
서 있던 꼬리가 내려갈 만큼 겁을 먹거나 또는 자신의 주장을 굽히게 된다는 뜻이야.

(비) 꽁지를 내리다

관용어 톡톡!

○ "누나에게 약점이 잡힌 나는 한동안 꼬리를 내리고 지냈다."

꽁무니를 빼다

슬그머니 물러나다

꽁무니는 몸의 뒷부분이나 사물의 맨 끝을 가리켜. 몸을 뒤로 슬쩍 빼듯이 무언가를 피해 달아나거나 도망친다는 뜻이지.

자, 이제 슬슬 어질러 놓은 것 좀 치워 보자!

슬금 슬금

나는 바빠서 이만….

란용어 톡톡!

○ "엄마의 잔소리가 계속되자 나는 꽁무니를 빼고 방으로 들어갔다."

76

눈을 돌리다

관심을 돌리다

한곳에 쏠려 있던 눈길을 다른 곳으로 옮기듯이 관심사를 바꾼다는 뜻이야.

드디어 방학이다!

바다 가자! 바다로!

바다는 많이 갔으니까 이번엔 산으로 눈을 돌려 볼까?

아, 그럴까?

관용어 톡톡!

○ "수학 문제가 너무 어려워서 영어 숙제로 잠깐 눈을 돌렸어."

눈을 붙이다

잠을 자다

피곤하면 나도 모르게 눈이 저절로 감기곤 해. 눈을 꼭 감은 채
잠에 드는 모습을 빗대어 표현한 말이야.

으흠,
휴게소 다 왔어?

아직 멀었어.
눈 좀 더 붙여.

관용어 톡톡!

○ "너무 피곤하면 쉬는 시간 동안 잠깐 눈을 붙이렴."

등을 돌리다

멀리하거나 관계를 끊다

서로 마음이 틀어진 두 사람이 각자 반대편을 향해 몸을 돌리는 것처럼
뜻을 함께하던 관계를 끊거나 더는 가까이 지내지 않는다는 뜻이야.

관용어 톡톡!

○ "친구와 사소한 말다툼을 벌이다 결국 서로 등을 돌리고 말았다."

등을 떠밀다

억지로 시키거나 부추기다

누군가가 뒤에서 등을 힘껏 밀면 앞으로 움직일 수밖에 없어. 이처럼 다른 사람에게 내키지 않는 일을 억지로 하게 만든다는 뜻이지.

관용어 톡톡!

○ "친구들이 자꾸 등을 떠미는 바람에 장기자랑 대회에 나가게 됐다."

머리를 굴리다

해결책을 찾기 위해 생각하다

문제를 해결할 방안을 찾기 위해 이리저리 따지고 골똘히 생각한다는 뜻이야.

(비) 머리를 쓰다

윽, 야채다!

앗, 저 배가 좀 아픈 것 같아요….

머리 굴리지 말고 그냥 먹으렴.

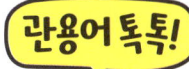

○ "열심히 머리를 굴려서 어려운 낱말 퍼즐을 완성했다."

머리를 맞대다

서로 의견을 모으다

어떤 일을 결정하거나 의견을 주고받기 위해 여러 사람이 함께 생각을 모을 때 쓰는 말이야.

아무리 어려운 문제라도

우리가 머리를 맞대면 정답을 찾을 수 있어.

시험은 각자 풀어야지!

관용어 톡톡!

○ "선수들은 시합에서 어떤 작전을 펼칠지 머리를 맞대고 고민했다."

무릎을 꿇다

항복하거나 자신의 뜻을 꺾다

적이나 상대편의 힘에 눌려 싸움을 포기하거나 자신을 굽히고 상대가 원하는 대로 한다는 뜻이야.

아, 공부해야 하는데 결국 침대에 무릎을 꿇는구나.

○ "거센 공격을 이기지 못하고 결국 적군에 무릎을 꿇고 말았다."

물 쓰듯

함부로 낭비하듯

수도꼭지를 계속 틀어 놓고 물을 펑펑 쓰는 것처럼 사람들은 평소에 물을 낭비할 때가 많아. 물을 마구 쓰듯이 돈이나 물건 등을 흥청망청 써 버리는 모습을 나타내는 말이지.

방학이라고 황금 같은 시간을 그렇게 물 쓰듯 보낼 거야? 축구라도 하게 나와!

관용어 톡톡!

○ "용돈을 받자마자 그렇게 물 쓰듯 써 버리면 어떡해?"

물불을 가리지 않다

막무가내로 행동하다

불이 활활 타오르거나 물이 콸콸 쏟아질 듯한 위험이나 어려움이 있어도
신경 쓰지 않고 무턱대고 달려든다는 뜻이야.

㉫ 물불을 헤아리지 않다

바람을 일으키다

많은 사람에게 영향을 주다

갑자기 불어닥치는 바람처럼 어떤 유행이나 변화를 앞장서서 이끈다는 뜻이야.
사람들이 어떤 일에 관심을 갖도록 만들거나 또는 사회에 좋지 않은 영향을 끼쳐
문제를 일으키는 경우를 나타내기도 해.

대박! 난리 났어.
네가 어제 올린
챌린지 영상!

지금 SNS에서
새로운 **바람을 일으켰어!**

내 영상이…?

관용어 톡톡!

○ "케이팝의 성장은 전 세계 음악 팬들 사이에 큰 **바람을 일으켰다**."

86

바람을 잡다

어떤 행동을 하도록 부추기다

바람은 눈에 보이지 않고 만질 수도 없어. 손으로 움켜쥘 수 없는 바람을
잡으려는 모습처럼 헛된 행동을 하도록 누군가를 꼬드긴다는 뜻이야.

사람들이 기대감을 갖게
나를 멋있게 소개해 줘!

맡겨 줘!
바람 잡는 건
내 전문이지.

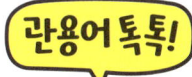

○ "가게 주인이 손님 옆에 꼭 붙어서 물건을 사라고 바람을 잡았다."

발 벗고 나서다

적극적으로 나서다

신고 있던 신발을 벗어 던질 정도로 마치 자기 일처럼 앞장서서 행동하거나 누군가를 도와준다는 뜻이야.

관용어 톡톡!

○ "유미는 도움이 필요한 친구가 있으면 항상 **발 벗고 나선다.**"

비행기를 태우다

칭찬하며 치켜세우다

누구나 칭찬을 받으면 기분이 좋아져. 비행기를 타고 즐겁게 하늘을 나는 기분이 들게 할 만큼 실제보다 과장해서 칭찬할 때 쓰는 말이야.

선생님 수업이 세상에서 제일 재미있고 정말 최고예요!

허허, 갑자기 왜 비행기를 태우니? 원하는 게 뭐야?

수업 일찍 끝내 주세요!

관용어 톡톡!

○ "나는 반장으로서 해야 할 일을 한 건데 너무 비행기 태우지 마."

뿌리를 뽑다

문제의 원인을 없애다

물과 양분을 빨아들이는 통로인 뿌리를 뽑으면 식물은 생명을 유지할 수가 없어.
따라서 뿌리를 뽑는다는 건 어떤 것이 생겨나는 원인을 완전히 없앤다는 뜻이지.

내가 너의
늦잠 자는 습관을
뿌리 뽑고 만다!

관용어 톡톡!

○ "지각생들의 **뿌리를 뽑기** 위해 학급 회의에서 함께 규칙을 정해 보자."

손발이 맞다

생각하거나 행동하는 방식이 서로 같다

손과 발을 잘 맞춰야 편하게 움직일 수 있듯이 함께 일하는 사람끼리 마치 한 사람처럼 서로 마음과 행동이 비슷해 잘 맞는다는 뜻이야.

ⓑ 호흡이 맞다　　ⓐ 손발이 따로 놀다

와아아

저 팀 좀 봐!
두 선수의 **손발이 맞아서**
속도가 엄청나네.

와 아!

와 아 아!

관용어 톡톡!

○ "우리끼리 **손발이 맞아서** 모둠 활동을 빨리 끝낼 수 있었어."

손을 놓다

하던 일을 잠시 멈추거나 그만두다

바쁘게 움직이며 일하던 손을 멈추고 쉬는 모습을 떠올려 봐. 하던 일을 잠깐 중단한 상태를 나타내거나 오랫동안 해 오던 일을 아예 포기해 버리는 경우를 뜻하기도 해.

영감이 떠오르지 않아.
더는 못 그리겠어….

관용어 톡톡!

○ "글쓰기 숙제가 너무 어려워서 30분째 손을 놓고 있어."

손을 벌리다

도와 달라고 부탁하다

남에게 무언가를 받기 위해 손을 쫙 펼치는 행동을 빗댄 말이야.
특히 돈이 필요할 때 도움을 부탁하는 상황에서 자주 사용돼.

비 손을 내밀다

보다시피
우리의 마지막 희망은
네 신발뿐이야.
손 좀 벌릴게.

관용어 톡톡!

○ "핸드폰 수리비가 너무 많이 나와서 부모님께 손을 벌렸다."

입에 침이 마르다

거듭해서 말하다

입안에 있는 침이 다 없어질 정도로 같은 말을 자꾸 되풀이한다는 뜻이야.

비 침이 마르다, 입이 마르다, 입이 닳다, 혀가 닳다

이 책 정말 재밌다!

네가 입에 침이 마르도록 추천하는 이유가 있었네.

재있다
유머모음

관용어 톡톡!

○ "형은 새로 산 자전거를 입에 침이 마르도록 자랑했다."

입을 맞추다

같은 말을 하기로 약속하다

말하는 내용이 같으면 입도 똑같이 움직이겠지? 서로 같은 이야기를 하도록 미리 정한다는 뜻이야.

그냥 용돈 올려 달라고 하면 안 들어주실 거야.

물가가 너무 올랐다는 쪽으로 입을 맞추자.

끄덕

관용어 톡톡!

○ "동생의 생일 파티를 몰래 준비하기 위해 가족들끼리 입을 맞췄다."

입이 짧다

음식을 적게 먹거나 가려 먹다

먹는 양이 아주 적거나 좋아하는 음식만 골라서 먹는 사람을 나타내는 말이야.

비 입이 밭다

이 비싼 뷔페에 와서 겨우 그것만 먹는다고?

너 정말 입이 짧구나.

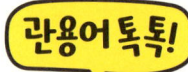

○ "나는 입이 짧아서 한 번에 음식을 많이 못 먹어."

96

찬물을 끼얹다

분위기를 망치다

난데없이 차가운 물을 맞게 된다면 무척 당황스럽겠지? 이처럼 잘되어 가는 일에 뛰어들어 분위기를 흐리거나 쓸데없이 방해하는 경우를 뜻해.

드디어 수업 끝! 우리 빨리 놀러 가자!

좋아, 좋아!

너희 내일부터 시험 기간인 거 잊지 않았지?

싸아…

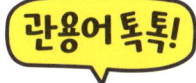

○ "친구들과 재미있게 게임을 하고 있는데 찬물을 끼얹듯 갑자기 컴퓨터가 꺼졌다."

97

코를 납작하게 만들다

기를 죽이다

얼굴 중앙에 툭 튀어나온 코가 납작해질 정도로 상대에게 망신을 주거나 기세를 꺾는다는 뜻이야.

관용어 톡톡!

○ "제대로 실력을 발휘해서 상대 팀의 **코를 납작하게 만들자!**"

코웃음을 치다

남을 깔보고 비웃다

흥 하고 짧게 콧소리를 내며 웃는 비웃음에는 상대방을
얕잡아 보거나 비난하는 마음이 담겨 있어.

흥!

관용어 톡톡!

○ "내가 직접 케이크를 만들겠다고 말하자 누나가 코웃음을 쳤다."

한 치 앞을 못 보다

① 가까이 있는 것을 보지 못하다
② 다가올 일을 미리 생각하지 못하다

치는 약 3.03센티미터에 해당하는 길이야. 아주 가까운 것도 알아보지 못할 정도로 시력이 안 좋거나 또는 옳고 그름을 구별할 수 있는 능력이 부족해서 앞일을 내다보지 못한다는 뜻이지.

저 베짱이는
겨울이 오면 어쩌려고
놀기만 하는 거지?
한 치 앞을 못 보는군!

관용어 톡톡!

○ "나는 안경을 벗으면 친구들 얼굴을 구분하지 못할 정도로 한 치 앞을 못 봐."

한술 더 뜨다

더 심하게 행동하다

한술은 숟가락으로 한 번 뜬 음식을 말해. 일이 잘못되어 가는 상황에서 숟가락으로 한 번 더 음식을 휘젓듯 엉뚱한 행동을 벌인다는 뜻이지.

약속 시간 한참 지났잖아!
왜 이렇게 늦게 와?

미안!
근데 얄라리는
아직 집이래.

뭐? 걔는 아주
한술 더 뜨네.

관용어 톡톡!

○ "속상해서 울고 있는 나를 보고 친구들이 한술 더 떠서 놀렸다."

101

허리띠를 졸라매다

① 돈을 아껴 쓰며 생활하다
② 배고픔을 참다

허리띠를 꽉 졸라매면 숨을 쉬기가 힘들지? 생활비를 아끼며 알뜰하게 살아가는 것이나 배고픔을 견디는 일도 그만큼 어렵다는 뜻이 담겨 있어.

자전거 수리점

또 오세요~

생각보다 지출이 너무 크네. 이번 달은 허리띠를 졸라매야지.

관용어 톡톡!

○ "이번 달 용돈을 다 써 버려서 다음 달이 될 때까지 허리띠를 졸라매야 해."

102

화살을 돌리다

잘못의 책임을 떠넘기다

화살이 나아가는 방향을 옮기듯 비난이나 공격을 다른 쪽으로 돌린다는 뜻이야.
잘못된 일에 대해 책임지지 않고 다른 사람을 탓하는 행동을 나타내.

뻥——!!

공을 그렇게
패스하면 어떡해?

네가 잘못 차 놓고
왜 나한테 화살을 돌려?

관용어 톡톡!

○ "경기에서 패배하자 감독은 자책골을 넣은 선수에게 비난의 화살을 돌렸다."

4장

상황을 나타내는 관용어

고삐가 풀리다

제멋대로 행동하다

고삐는 말이나 소를 부리기 위해 재갈이나 굴레에 매는 긴 줄을 말해. 고삐 풀린 말이 자유롭게 움직이듯 아무런 통제를 받지 않고 마음대로 행동할 수 있는 상태가 된다는 뜻이야.

자, 이번 달 용돈이다.

용돈 받았다고 고삐가 풀려서 하루 만에 다 쓰면 어떡해!

관용어 톡톡!

○ "방학을 맞아 고삐가 풀린 아이들은 신나게 놀러 다녔다."

국물도 없다

받을 몫이나 이득이 없다

음식의 건더기는 물론이고 국물까지 다 먹어 버려서 돌아오는 몫이 아무것도 없다는 뜻이야. 어떤 일을 해도 아무런 소용이 없을 때 또는 다른 사람의 잘못을 지적하거나 경고할 때 자주 사용해.

준비됐지? 달리기 지는 사람이 아이스크림 사는 거야.

그리고 꼴찌는 국물도 없는 거 알지?

왜 날 보고 얘기해?

관용어 톡톡!

○ "오늘은 봐주지만 다음에 또 약속 시간에 늦으면 국물도 없어."

107

귀에 못이 박히다

같은 말을 계속 듣다

똑같은 말을 여러 번 들어서 익숙하거나 지겨울 때 쓸 수 있는 표현이야.

비 귀에 딱지가 앉다, 귀에 싹이 나다

광고 노래를 **귀에 못이 박히도록** 들었더니 나도 모르게 따라 불렀네.

관용어 톡톡!

○ "자기 전에 양치하라는 엄마의 잔소리는 **귀에 못이 박히도록** 들었어요."

그림의 떡

원해도 가질 수 없는 것

그림 속에 그려져 있는 떡은 아무리 맛있게 생겨도 절대 먹을 수가 없어. 이처럼 마음에 들지만 실제로 이용하거나 가질 수 없는 안타까운 상황을 나타내는 말이지.

우아, 정말 멋있다!
저런 차는 나한테 평생
그림의 떡이겠지?

관용어 톡톡!

○ "다리를 다쳐서 한 달 동안 축구를 못 하기 때문에 지금 나한테 축구공은 그림의 떡이야."

날개가 돋치다

① 상품이 빠르게 팔려 나가다
② 소문이 빠르고 멀리 퍼지다

스스로 움직일 수 없는 물건이나 소식이 꼭 날개가 달린 것처럼 사람들 사이에서 빠르게 퍼져 나간다는 뜻이야.

관용어 톡톡!

○ "여름이 되자 편의점에서 아이스크림이 날개가 돋친 듯 팔렸다."

눈 깜짝할 사이

매우 짧은 순간

눈을 한 번 감았다 뜨는 데 걸리는 시간처럼 아주 짧은 순간을 나타내.

관용어 톡톡!

○ "문을 열자마자 눈 깜짝할 사이에 강아지가 마당으로 뛰쳐나왔어."

눈에 밟히다

자꾸 생각나다

잊으려고 해도 계속 생각나고 신경이 쓰인다는 뜻이야. 누군가가 보고 싶거나 이미 지나간 일이 자꾸 마음에 걸려서 불편할 때 이 말을 쓸 수 있어.

흠….

에잇!
아까 본 인형이 계속
눈에 밟혀서
당장 사러 가야겠어.

휙

갑자기?

관용어 톡톡!

○ "집을 나서는데 자기도 놀이터에 데려가라고 떼쓰던 동생의 모습이 눈에 밟혔다."

눈코 뜰 사이 없다

쉴 틈 없이 바쁘다

아주 잠깐이라도 쉬는 시간을 갖지 못할 정도로 너무 바쁘다는 뜻이야.

미안해. 지금 시험 기간이라
눈코 뜰 사이 없이 바빠.
시험 끝나고 놀자.

관용어 톡톡!

○ "학교 축제를 준비하느라 요즘은 방과 후에도 **눈코 뜰 사이 없다.**"

더위를 먹다

더위 때문에 몸이 아프다

여름철 무더운 날씨 때문에 몸에 열이 나거나 기운이 없어진 상태를
가리키는 말이야.

(비) 더위가 들다

관용어 톡톡!

○ "뙤약볕에 오래 서 있었더니 더위를 먹은 것처럼 어지러워."

114

도마 위에 오르다

비판의 대상이 되다

도마는 칼로 음식의 재료를 손질할 때 밑에 받치는 물건이야. 도마 위에 놓인 식재료가 칼로 잘게 쪼개지듯 어떤 일이나 행동이 옳고 그른지 다른 사람들에게 평가받는 상황을 뜻해.

이게 작품이라고? 예술계가 한바탕 **도마 위에 오르겠다.**

관용어 톡톡!

○ "배달 음식으로 생기는 과도한 일회용품 사용이 도마 위에 오르고 있다."

물 건너가다

상황을 돌이킬 기회가 없어지다

이미 어떤 일이 벌어지거나 상황이 끝나서 어찌할 수 없는 상태가 되었다는 뜻이야.
가까이에 있던 무언가가 강물을 건너 저 멀리 떠내려간 모습을 떠올려 봐.

쏴아아아

아, 오늘 야구 시합은 **물 건너갔네.**

관용어 톡톡!

○ "기차 시간을 놓쳐서 제시간에 도착하는 건 이미 **물 건너갔어.**"

물 만난 고기

돋보일 수 있는 기회를 만난 상황

물 밖에 있던 물고기가 물속으로 들어가자마자 힘차게 헤엄치듯 크게
활약할 수 있는 기회가 생긴 경우를 뜻해.

(비) 물 얻은 고기

멋있다!
컴퓨터만 만지면
물 만난 고기라니까.

관용어 톡톡!

○ "수민이는 피아노를 보면 물 만난 고기처럼 신나게 연주한다."

밑도 끝도 없다

관련 없는 말을 갑자기 꺼내다

어디가 밑이고 끝인지 알 수 없다면 무척 혼란스럽겠지? 갑자기 앞뒤가 이어지지 않는 엉뚱한 말을 하거나 도무지 이해할 수 없는 황당한 행동을 한다는 뜻이야.

네가 내 케이크 먹었지?

텅

밑도 끝도 없이 의심하지 마. 증거 있어?

관용어 톡톡!

◦ "이유도 말해 주지 않고 밑도 끝도 없이 화를 내니까 황당하네."

발등에 불이 떨어지다

어떤 일이 닥쳐서 급하다

발등에 불이 떨어지는 급박한 상황처럼 어떤 일이 코앞에 다가와
부랴부랴 서두르는 상황을 나타내는 말이야.

비 불똥이 떨어지다

여행 짐 좀 미리
싸 두라니까.

관용어 톡톡!

○ "너는 늘 발등에 불이 떨어져야 시험공부를 시작하더라?"

119

발목을 잡다

① 어떤 일을 하지 못하게 막다
② 남의 약점을 잡다

누군가에게 발목이 잡히면 자유롭게 움직일 수 없겠지? 어떤 일을 하지 못하게 붙잡거나 또는 누군가의 약점을 잡아서 괴롭힌다는 뜻이야.

이런, 1번 문제부터 내 **발목을 잡을** 줄이야….

?

관용어 톡톡!

○ "얼른 나가서 놀고 싶은데 밀린 숙제가 내 **발목을 잡고** 있어."

발에 채다

여기저기 흔하게 널려 있다

한 걸음 한 걸음 움직일 때마다 발에 걸릴 만큼 아주 흔해서 쉽게 볼 수 있다는 뜻이야.

ⓑ 발에 차이다, 발길에 채다, 발길에 차이다

우아,
낙엽이 정말
발에 챌 정도로 많아!

란용어 톡톡!

○ "제주도에 가면 **발에 챌** 정도로 귤나무가 많다."

121

발이 묶이다

몸을 움직일 수 없다

발이 꽁꽁 묶여서 아무 데도 가지 못하는 것처럼 어떤 장소나 상황을 벗어나지 못할 때 쓰는 말이야.

여보세요, 나 좀 데리러 와 줘. 갑자기 비가 와서 꼼짝없이 **발이 묶여** 버렸어.

쏴아아아

관용어 톡톡!

○ "하교 시간에 소나기가 내리는 바람에 학교에 **발이 묶였다**."

122

배가 등에 붙다

몹시 배고프다

먹은 것이 없어서 뱃가죽이 납작해져 등에 붙을 만큼 배가 홀쭉하고 배고픔을 심하게 느낀다는 뜻이야.

자, 출발해 볼까?

밥부터 먹자. 배가 등에 붙어서 못 올라갈 것 같아.

꼬르륵

등산로

관용어 톡톡!

○ "아침을 안 먹고 학교에 왔더니 배가 등에 붙을 것 같아."

빙산의 일각

겉으로 드러나지 않은 부분이 아주 많음

빙산은 호수나 바다 위에 떠다니는 커다란 얼음덩어리야. 위로 뾰족 솟아오른 부분은 빙산의 아주 작은 일부일 뿐, 그 아래에는 바깥에 드러난 것보다 훨씬 큰 얼음덩어리가 숨겨져 있어.

엄청 작고 귀여운 피라미드를 발견했다!

관용어 톡톡!

○ "탐사를 통해 지금까지 밝혀진 해양 생물의 종류는 빙산의 일각이다."

빼도 박도 못하다

이러지도 저러지도 못하다

망치를 아무리 두드려도 못이 더는 들어가지 않고, 그렇다고 다시 못을 빼낼 수도 없는 상황을 떠올려 봐. 이처럼 무언가를 계속할 수도 그만둘 수도 없어서 어떻게 해야 할지 몰라 난감하다는 뜻이야.

히히, 개구멍으로 가면 안 걸리겠지?

큰일 났다! 몸이 껴서 빼도 박도 못하겠어.

관용어 톡톡!

○ "알람이 울린 지 30분이 지나도록 못 일어났으니 빼도 박도 못하고 지각이다."

속이 보이다

속셈이 드러나다

사람의 속마음은 직접 말하지 않으면 알 수 없어. 하지만 누군가가 마음속으로 어떤 생각을 하는지 쉽게 알아챌 수 있을 정도로 겉으로 티가 날 때는 이 말을 사용해 봐.

관용어 톡톡!

○ "네 표정을 보니까 내 과자를 뺏어 먹으려는 속이 보인다."

손에 익다

일이 익숙해지다

처음 해 보는 낯선 일도 반복하다 보면 익숙해지기 마련이야.
어떤 일을 자주 해서 능숙해진 상태를 뜻해.

(비) 손에 오르다

이제 텐트 치는 게 완전히 손에 익었네! 금방 설치했다.

관용어 톡톡!

○ "시간이 날 때마다 뜨개질을 하다 보니 어느새 손에 익었다."

127

엎친 데 덮치다

나쁜 일이 연이어 일어나다

이미 엎어진 것 위에 또 다른 물건이 덮치는 모습처럼 힘든 일이 한꺼번에 닥쳐오는 상황을 일컫는 말이야.

🄱 엎치고 덮치다

툭

어이쿠!

어이쿠!

툭

꽥!

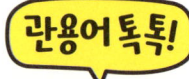

○ "엎친 데 덮친다고 가뭄에 이어 산불이 크게 났다."

128

입에 거미줄 치다

오랫동안 굶다

아무것도 먹지 못해서 사람의 입속에 거미줄이 생길 정도라는 뜻으로, 끼니를 거를 만큼 가난한 상태를 나타내.

비 목에 거미줄 치다

올해는 가뭄이라 우리 가족 모두 **입에 거미줄 치게** 생겼구나….

관용어 톡톡!

○ "사업이 쫄딱 망하는 바람에 **입에 거미줄 치게** 생겼다."

쥐도 새도 모르게

아무도 모르게

주로 밤에 활동하는 쥐와 낮에 활동하는 새가 눈치채지 못할 만큼 몰래 행동할 때 쓰는 말이야.

살금살금

와, 산타 할아버지가 정말 쥐도 새도 모르게 다녀가셨구나!

○ "도둑은 쥐도 새도 모르게 가게 서랍에 있던 돈을 훔치고 달아났다."

진땀을 빼다

몹시 애를 쓰다

어렵거나 난처한 상황을 이겨 내기 위해 끈끈한 땀을 흘릴 만큼 열심히 노력한다는 뜻이지.

(비) 진땀을 뽑다, 진땀을 흘리다

관용어 톡톡!

○ "아빠는 고장 난 컴퓨터를 고치느라 진땀을 빼고 계신다."

파김치가 되다

지쳐서 기운이 없어지다

파는 원래 빳빳하게 서 있는 풀이지만, 파에 각종 양념을 발라 담근 파김치는 축 늘어져 있어. 너무 피곤하고 지쳐서 몸에 힘이 하나도 없는 상태를 나타내는 말이야.

관용어 톡톡!

○ "날씨가 좋아서 온종일 자전거를 탔더니 파김치가 됐다."

파리 날리다

손님이 없어 한가하다

가게에 손님이 없으면 파리만 윙윙 날아다니는 것처럼 썰렁해 보여.
가게를 찾아오거나 물건을 사는 사람이 없어서 여유로운 상태를 뜻해.

> 물건이 별로인가?
> 하루 종일 **파리만 날려.**

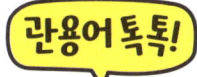

○ "오늘 비가 많이 와서 그런지 식당이 **파리 날리네.**"

133

피가 되고 살이 되다

큰 도움이 되다

피와 살은 우리 몸을 이루는 아주 중요한 요소야. 이처럼 어떤 일이나 경험이 큰 도움이 되고 쓸모가 있을 때 사용하는 표현이지.

이 힘든 훈련이 곧 **피가 되고 살이 될** 거야!

정말이잖아?

관용어 톡톡!

○ "선생님께서 해 주신 말씀이 **피가 되고 살이 되어** 나에게 용기를 주었다."

134

하늘과 땅

차이가 아주 크다

하늘은 높고 땅은 낮아서 둘 사이의 거리가 멀듯이 차이가 크거나
서로 아주 다르다는 뜻이야.

으흠, 스피커 하나
바꿨을 뿐인데 음질이 정말
하늘과 땅 차이네!

관용어 톡톡!

○ "흰 띠를 매고 있는 친구와 검은 띠를 딴 친구의 태권도 실력은 하늘과 땅 차이다."

하늘이 두 쪽 나도

무슨 일이 있어도

하늘이 두 갈래로 쪼개지는 건 실제로 일어날 수 없는 일이야. 이처럼 믿기 힘들 정도로 큰 어려움이 닥쳐도 꿋꿋이 견디고 반드시 해내겠다는 뜻이 담겨 있어.

내일 아침에
하늘이 두 쪽 나도
꼭 조깅하는 거다!

관용어 톡톡!

○ "하늘이 두 쪽 나도 우리의 비밀을 꼭 지켜야 해!"

136

한숨을 돌리다

잠깐 쉬다

정신없이 바쁘거나 힘든 시간을 보내고 잠시나마 휴식을 취하며 여유를 갖는다는 뜻이야.

휴, 뚫렸다!
이제야 한숨 돌리겠네.

쏴아아아

관용어 톡톡!

○ "아빠를 따라 산을 오른 지 30분이 지나서야 겨우 한숨을 돌릴 수 있었다."

137

해가 서쪽에서 뜨다

뜻밖의 일이 벌어지다

지구가 일정한 방향으로 회전하기 때문에 해는 언제나 동쪽에서 뜨고 서쪽에서
져. 서쪽에서 해가 뜨는 게 불가능한 것처럼 절대 있을 수 없는 일을 가리키거나
예상하지 못한 일이 벌어졌을 때 쓰는 말이야.

(비) 서쪽에서 해가 뜨다

뭐? 도서관에 가자고?
해가 서쪽에서 뜰 일이네.

관용어 톡톡!

○ "네가 스스로 방을 청소하다니 해가 서쪽에서 뜨겠군."

허리가 휘다

견디기가 힘들어 지치다

등에 무거운 짐을 잔뜩 짊어진 채 허리를 구부정하게 꺾고 있는 모습을 떠올려 봐.
일이 아주 힘들거나 부담되어 감당하기가 어렵다는 뜻이야.

(비) 허리가 휘어지다, 등골이 빠지다

이걸 언제 다 치우나….

눈 치우다 허리가 휘겠어.

관용어 톡톡!

○ "반장이 되니까 생각보다 할 일이 너무 많아서 허리가 휠 것 같아."

찾아보기

알라리의 어휘 콕콕!
한 컷 초등 관용어

1판 1쇄 발행일 2025년 12월 15일

지은이 재능많은국어연구소
그린이 에렘

발행인 김학원
발행처 휴먼어린이
출판등록 제313-2006-000161호(2006년 7월 31일)
주소 (03991) 서울시 마포구 동교로23길 76(연남동)
전화 02-335-4422 **팩스** 02-334-3427
저자·독자 서비스 humanist@humanistbooks.com
홈페이지 www.humanistbooks.com
유튜브 youtube.com/user/humanistma
페이스북 facebook.com/hmcv2001 **인스타그램** @human_kids

편집주간 황서현 **편집** 박현혜 **디자인** 양X호랭 DESIGN
용지 화인페이퍼 **인쇄** 삼조인쇄 **제본** 정민문화사

그림 ⓒ 에렘, 2025

ISBN 978-89-6591-650-5 73710